© Upbility Publications LTD, 2023

Esta publicación está protegida con derechos de autor. En todas las copias que se realicen de esta publicación para fines educativos debe aparecer, en todas sus páginas, el distintivo especial del copyright. El uso de copias que no contengan este distintivo especial del copyright se considerará una infracción de los derechos de autor, por lo que se prohíbe su uso.

Esta publicación refleja las opiniones personales de su autora, que conserva todos los derechos legales de titularidad y publicación de la presente obra. Queda prohibida la reedición o reproducción de esta obra, en su totalidad o en parte, en cualquier forma, así como su traducción, adaptación o explotación por medio de cualquier método, sin el consentimiento previo por escrito del editor.

Asimismo, se prohíbe la reproducción de la encuadernación, la paginación, la cubierta y el diseño visual general del libro mediante fotocopiado, métodos electrónicos u otras formas.
Todas las copias que se realicen de las fichas de trabajo para fines educativos deben incluir el distintivo del copyright.

Upbility Publications LTD, 81-83 Grivas Digenis Avenue, 1090 Nicosia, Cyprus
Correo electrónico: info@upbility.eu

SKU: ES-EB1079

Autora: Aliki Kassotaki – Logopeda MSc, BSc

Dejadme que me presente...

Escribir es una tarea solitaria, y a eso es a lo que dedico la mayor parte de mi tiempo.

Por supuesto, disfruto también de la compañía de mis alumnos, pequeños y grandes.

Empecé a trabajar como logopeda en el año 2000. Trece años más tarde, escribí el primer manual de terapia. Quería compartir los conocimientos y la experiencia personal que he ido adquiriendo a lo largo de los años.

Desde entonces no he dejado de escribir, a la vez que sigo ejerciendo mi profesión.

Una faceta complementa a la otra. Los niños y las niñas me muestran el camino, y yo les acompaño por itinerarios de lo más trepidantes.

"¡Jóvenes lozanos y de mente despejada con toda la vida por delante: ¿qué tesoros les descubrirás?"

Gladys M. Hunt

Con empatía, humildad, conocimiento y respeto defiendo mi lema:

Alice Kassotaki

En pocas palabras...

Las habilidades socioemocionales ayudan a niños, niñas y jóvenes a desarrollar relaciones equilibradas y sanas con los demás y a comprender mejor sus propias emociones.

Estas habilidades abarcan muchos aspectos de la vida, desde la gestión del estrés hasta la construcción de relaciones sólidas. También nos proporcionan las herramientas emocionales necesarias para mantener nuestro bienestar.

Las habilidades socioemocionales son una parte importante del desarrollo en niños y niñas porque los ayudan a:

- tener más confianza en sí mismos y a dirigirse mejor a sus objetivos para alcanzar todo su potencial

- comprender sus propias emociones subyacentes y las de los demás, lo que les permite adoptar mejores decisiones y adquirir un mayor nivel de confianza en sus interacciones con otras personas

- hacer frente a las exigencias del entorno académico, desde gestionar el estrés, formar parte de un equipo y desarrollar habilidades de colaboración a mejorar la autoconciencia y cultivar la resiliencia

- adquirir estas habilidades, gracias a lo cual podrán interactuar de forma más eficaz con sus compañeros.

Padres, madres y cuidadores pueden ayudar de muchas maneras. Crear un entorno de aceptación libre de prejuicios, en el que niños y niñas puedan aprender a reconocer y expresar sus emociones, es de suma importancia.

"La emoción que a veces puede romper tu corazón, es la misma que lo sana" - Nicholas Sparks

¡Importante!

Las emociones, a pesar de ser complejas y diversas, tienen un enorme poder para dar forma a nuestras interacciones. Pueden expresarse a través de la comunicación verbal, las expresiones faciales, el lenguaje corporal y otras señales no verbales. Ser capaz de identificar las emociones puede fortalecer aún más las relaciones interpersonales, permitiéndonos interpretar mejor las emociones de quienes nos rodean y responder adecuadamente, evitando así malentendidos y posibles conflictos.

Los niños y las niñas que son capaces de reconocer las emociones de los demás pueden regular mejor  situaciones del día a día.

La estimulación de niños y niñas para aprender a gestionar sus emociones empieza desde casa. Padres, madres y cuidadores crean un buen ejemplo modelando comportamientos

También los ayuda a comprender mejor cómo funciona el mundo y a tomar decisiones más fundamentadas y acertadas. La inteligencia emocional es crucial para el bienestar general y el éxito en la vida.

las suyas propias, lo que les permite gestionar mejor situaciones difíciles sin perder el control.

Padres y madres deben hablar abiertamente sobre sus propias emociones con sus hijos e hijas, y aplicar una escucha activa cuando sus retoños expresan las suyas propias. Los más pequeños deben tener oportunidades para practicar nuevas habilidades, como tomarse un momento para calmarse cuando están enfadados, o encontrar maneras para expresar sus emociones de forma saludable. Dar a niños y niñas las herramientas y el apoyo que necesitan para regular sus emociones, los ayudará a estar mejor equipados para manejar situaciones del día a día.

adecuados y explicando por qué un comportamiento específico es apropiado en un contexto determinado.

Introducción...

¿Qué opciones tengo para expresar mis emociones?
¿Cuáles son las consecuencias de cada opción para mí?
¿Cuáles son las consecuencias de cada opción para quienes me rodean?
¿Qué resultado espero?
¿Qué quiero hacer?
¿Y si no hago nada?

Cosas tan sencillas como respirar profundamente o dar un paseo para pensar pueden ayudarnos a escuchar nuestras emociones. Recordemos que tenemos muchas opciones para expresar nuestras emociones.

EMOCIONES

¡Hola!

Soy Simón. No soy ni demasiado joven ni demasiado viejo. Me gusta estar con la gente, aunque a veces no sé cómo acercarme a ellos. Estoy aquí para ayudarte ¡y para que me ayudes!

Contenido...

Título:
Cada historia tiene un título distintivo, breve y sencillo que nos ayudará a entender su contenido.

Número:
Cada historia tiene un número único. ¿Qué historia quieres contar? ¿La 21 o tal vez la 3?

Imagen 1:
Nos ayuda a comprender nuestra historia y a conocer al héroe.

Historia:
Cada historia tiene su propio personaje. Podemos relacionar a muchos con algunas historias, a unos cuantos con otras y algunos con ininguna!

Imagen 2:
Nos ayuda a identificar las emociones del héroe.

Reconocimiento (identificación de la emoción):
Si eres un desastre por dentro, si eres incapaz de comprender lo que te pasa, ¿cómo vas a poder gestionar tus emociones?

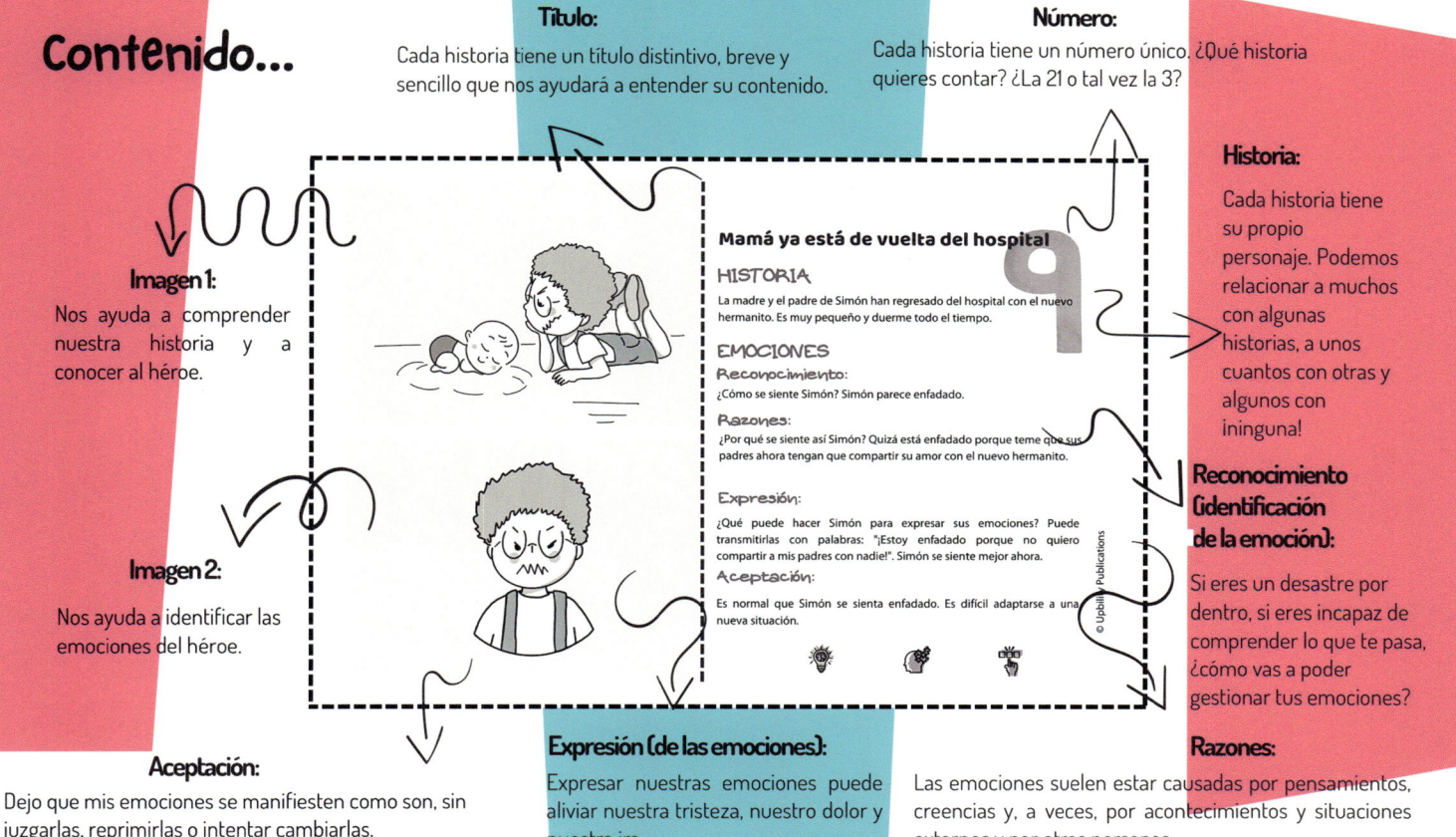

Aceptación:
Dejo que mis emociones se manifiesten como son, sin juzgarlas, reprimirlas o intentar cambiarlas.

Expresión (de las emociones):
Expresar nuestras emociones puede aliviar nuestra tristeza, nuestro dolor y nuestra ira.

Razones:
Las emociones suelen estar causadas por pensamientos, creencias y, a veces, por acontecimientos y situaciones externos y por otras personas.

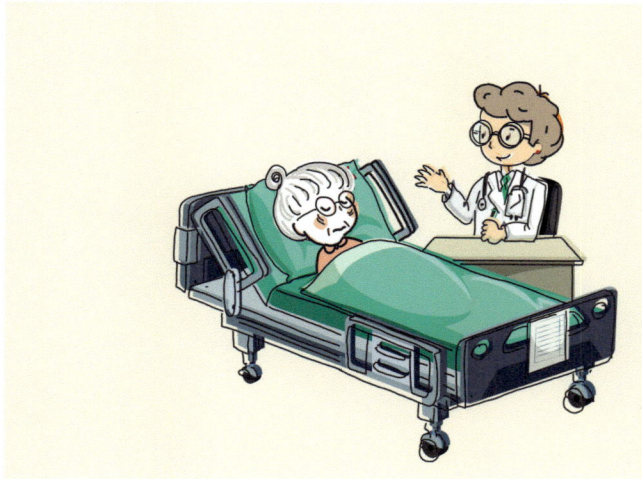

Mi abuela está enferma

HISTORIA

La abuela de Simón está enferma. Ha ido al hospital. Simón acaba de enterarse. Simón quiere mucho a su abuela.

EMOCIONES

Reconocimiento:

¿Cómo se siente Simón? Simón parece triste.

Razones:

¿Por qué se siente así Simón? Quizá se siente triste porque su abuela está enferma.

Expresión:

¿Qué puede hacer Simón para expresar sus emociones? Puede transmitirlas con palabras: "Estoy muy triste". Simón se siente mejor ahora.

Aceptación:

Es normal que Simón se sienta triste. Quiere mucho a su abuela y se preocupa por ella.

Un accidente de coche

HISTORIA

Simón y sus padres van en coche. El padre de Simón no se dio cuenta del coche que cruzaba y chocaron.

EMOCIONES

Reconocimiento:

¿Cómo se siente Simón? Simón parece asustado.

Razones:

¿Por qué se siente así Simón? Quizá Simón se asustó con el accidente.

Expresión:

¿Qué puede hacer Simón para expresar sus emociones? Puede transmitirlas con palabras: "¡Tengo mucho miedo!". Simón se siente mejor ahora.

Aceptación:

Es normal que Simón tenga miedo. Un accidente de coche siempre da miedo.

2

© Upbility Publications

He hecho un nuevo amigo

HISTORIA

Simón está en la escuela. Mientras espera, observa que hay otro niño también esperando. Simón decide acercarse a él y pedirle que sea su amigo.

EMOCIONES

Reconocimiento:

¿Cómo se siente Simón? Simón parece feliz.

Razones:

¿Por qué se siente así Simón? Quizá se siente feliz porque ha hecho un nuevo amigo.

Expresión:

¿Qué puede hacer Simón para expresar sus emociones? Puede transmitirlas con palabras: "¡Estoy muy contento!". Simón se siente bien cuando expresa sus emociones.

Aceptación:

Es normal que Simón se sienta feliz. ¡Es muy agradable conocer gente nueva!

Mis padres no me dejan ver la tele

4

HISTORIA

Simón quiere ver su programa de televisión favorito pero sus padres no le dejan porque pasa mucho tiempo viendo la tele.

EMOCIONES

Reconocimiento:

¿Cómo se siente Simón? Simón parece enfadado.

Razones:

¿Por qué se siente así Simón? Quizá está enfadado porque sus padres no le dejan ver su programa de televisión favorito.

Expresión:

¿Qué puede hacer Simón para expresar sus emociones? Puede transmitirlas con palabras: "¡Estoy muy enfadado!". Simón se siente mejor ahora.

Aceptación:

Es normal que Simón se sienta enfadado. Echará de menos su programa favorito. Echar de menos o perder algo que nos gusta nos hace sentir mal y tristes.

© Upbility Publications

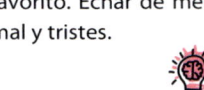 

Mañana es mi fiesta de cumpleaños

5

HISTORIA

Mañana es el cumpleaños de Simón. Sus padres están preparándole una fiesta de cumpleaños. A Simón le hace mucha ilusión.

EMOCIONES

Reconocimiento:

¿Cómo se siente Simón? Simón parece estar muy emocionado.

Razones:

¿Por qué se siente así Simón? Quizá se siente emocionado porque está impaciente por celebrar su fiesta de cumpleaños.

Expresión:

¿Qué puede hacer Simón para expresar sus emociones? Puede transmitirlas con palabras: "¡Estoy muy emocionado!". Simón se siente bien cuando expresa sus emociones.

Aceptación:

Es normal que Simón se sienta emocionado. ¡Tiene muchas ganas de celebrar su fiesta!

© Upbility Publications

Un intruso

HISTORIA

Simón está en casa jugando con sus juguetes. De repente ve pasar una cucaracha justo delante de él.

EMOCIONES

Reconocimiento:

¿Cómo se siente Simón? Simón parece sentir a la vez temor y asco.

Razones:

¿Por qué se siente así Simón? Quizá siente temor y asco de la cucaracha.

Expresión:

¿Qué puede hacer Simón para expresar sus emociones? Puede transmitirlas con palabras: "Tengo mucho miedo. Odio las cucarachas". Simón se siente mucho mejor ahora.

Aceptación:

Es normal que Simón sienta temor y asco. Las cucarachas son unos insectos espantosos y horrorosos.

© Upbility Publications

Oigo ruidos extraños

HISTORIA

Simón está solo en casa jugando con sus juguetes. De repente oye unos ruidos extraños. Simón no sabe de dónde proceden.

EMOCIONES

Reconocimiento:

¿Cómo se siente Simón? Simón parece tener miedo.

Razones:

¿Por qué se siente así Simón? Quizá tiene miedo porque está solo en casa y teme que hayan entrado ladrones.

Expresión:

¿Qué puede hacer Simón para expresar sus emociones? Puede transmitirlas con palabras: "¡Tengo mucho miedo!". Simón se siente mejor ahora.

Aceptación:

Es normal que Simón se sienta asustado. Está solo en casa oyendo ruidos extraños y no sabe de dónde vienen.

7

Mañana tengo un examen en la escuela

HISTORIA

Simón ha estado estudiando todo el día. Mañana tiene un examen de matemáticas en la escuela. Simón aún no ha terminado de estudiar.

EMOCIONES

Reconocimiento:

¿Cómo se siente Simón? Simón parece estar estresado.

Razones:

¿Por qué se siente así Simón? Quizá está nervioso porque mañana tiene un examen de matemáticas.

Expresión:

¿Qué puede hacer Simón para expresar sus emociones? Puede transmitirlas con palabras: "Estoy muy estresado". Simón se siente mejor ahora.

Aceptación:

Es normal que Simón se sienta nervioso. Ha estudiado mucho para el examen y no sabe cómo le va a salir.

Mamá ya está de vuelta del hospital

HISTORIA

La madre y el padre de Simón han regresado del hospital con el nuevo hermanito. Es muy pequeño y duerme todo el tiempo.

EMOCIONES

Reconocimiento:

¿Cómo se siente Simón? Simón parece enfadado.

Razones:

¿Por qué se siente así Simón? Quizá está enfadado porque teme que sus padres ahora tengan que compartir su amor con el nuevo hermanito.

Expresión:

¿Qué puede hacer Simón para expresar sus emociones? Puede transmitirlas con palabras: "¡Estoy enfadado porque no quiero compartir a mis padres con nadie!". Simón se siente mejor ahora.

Aceptación:

Es normal que Simón se sienta enfadado. Es difícil adaptarse a una nueva situación.

© Upbility Publications

Se me ha pinchado una rueda de la bici

HISTORIA

Simón va todos los días al colegio en bici. Hoy, la bicicleta de Simón se ha pinchado y no puede utilizarla para ir al colegio.

10

EMOCIONES

Reconocimiento:

¿Cómo se siente Simón? Simón parece triste.

Razones:

¿Por qué se siente así Simón? Quizá se siente triste porque su bicicleta se ha estropeado.

Expresión:

¿Qué puede hacer Simón para expresar sus emociones? Puede transmitirlas con palabras: "Estoy muy triste". Simón se siente mejor ahora.

Aceptación:

Es normal que Simón se sienta triste. Su bicicleta no funciona. Cuando se rompen nuestras cosas favoritas, nos entristece.

© Upbility Publications

Tengo una mascota

HISTORIA

Los padres de Simón le han dado una sorpresa: han traído a casa un cachorro. ¡Simón deseaba tener un cachorro!

EMOCIONES

Reconocimiento:

¿Cómo se siente Simón? Simón parece estar emocionado.

Razones:

¿Por qué se siente así Simón? Quizá se siente tan feliz porque por fin tiene la mascota que tanto deseaba.

Expresión:

¿Qué puede hacer Simón para expresar sus emociones? Puede transmitirlas con palabras: "¡Estoy muy contento, estoy emocionado!". Simón se siente bien cuando expresa sus emociones.

Aceptación:

Es normal que Simón se sienta feliz. Tenía muchas ganas de tener una mascota.

11

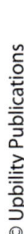

He roto algo

HISTORIA

Simón lleva todo el día correteando por la casa. Su madre no para de decirle que tenga cuidado porque se hará daño. Simón no la escucha. De repente, hace un giro brusco y... ¡pum! rompe el jarrón favorito de su madre.

EMOCIONES

Reconocimiento:

¿Cómo se siente Simón? Simón parece disgustado y preocupado.

Razones:

¿Por qué se siente así Simón? Tal vez tenga miedo y esté preocupado por haber roto el jarrón favorito de su madre. ¿Qué va a pasar ahora?

Expresión:

¿Qué puede hacer Simón para expresar sus emociones? Puede transmitirlas con palabras: "Estoy muy triste por haber roto tu jarrón y tengo miedo de que me me castigues". Ahora Simón se siente mucho mejor.

Aceptación:

Es normal que Simón se sienta triste y esté preocupado. Ha roto el jarrón favorito de su madre.

No sé nadar

HISTORIA

Simón está en la playa con su familia y sus amigos. Todos sus amigos saben nadar. Están jugando y nadando en el agua. Simón no sabe nadar. No puede jugar con sus amigos.

EMOCIONES

Reconocimiento:

¿Cómo se siente Simón? Simón parece triste y siente vergüenza.

Razones:

¿Por qué se siente así Simón? Quizá se siente triste y avergonzado porque es el único que no sabe nadar.

Expresión:

¿Qué puede hacer Simón para expresar sus emociones? Puede transmitirlas con palabras: "Estoy muy triste". Simón se siente mejor ahora.

Aceptación:

Es normal que Simón se sienta triste y avergonzado. No puede unirse a sus amigos y jugar con ellos en el agua.

Mi hermano se ha hecho daño

HISTORIA

El hermano de Simón pertenece al equipo de baloncesto. Simón y sus padres fueron a verle jugar un partido. Mientras jugaba, el hermano de Simón se hizo daño y cayó al suelo. El partido se detuvo.

EMOCIONES

Reconocimiento:

¿Cómo se siente Simón? Simón parece triste y preocupado.

Razones:

¿Por qué se siente así Simón? Quizá se siente triste y preocupado porque su hermano se ha lesionado.

Expresión:

¿Qué puede hacer Simón para expresar sus emociones? Puede transmitirlas con palabras: "Estoy muy triste y preocupado por la lesión de mi hermano". Simón se siente mejor ahora.

Aceptación:

Es normal que Simón se sienta triste y preocupado. Quiere mucho a su hermano y se preocupa por él.

© Upbility Publications

Mi perro está enfermo

HISTORIA

El perro de Simón está muy enfermo. No come y no quiere jugar. Mañana lo van a llevar al veterinario.

EMOCIONES

Reconocimiento:

¿Cómo se siente Simón? Simón parece muy triste y angustiado.

Razones:

¿Por qué se siente así Simón? Quizá se siente triste porque su precioso perrito está enfermo. Está angustiado porque no sabe qué le pasa.

Expresión:

¿Qué puede hacer Simón para expresar sus emociones? Puede transmitirlas con palabras: "Estoy muy triste y angustiado". Simón se siente mejor ahora.

Aceptación:

Es normal que Simón se sienta triste y angustiado. Quiere y cuida mucho de su perro.

Preparándome para un viaje

16

HISTORIA

Simón y sus padres se van mañana de viaje. Van a París. Simón podrá ver por fin la torre Eiffel. Tiene muchas ganas y está preparando su maleta muy entusiasmado.

EMOCIONES

Reconocimiento:

¿Cómo se siente Simón? Simón parece estar muy contento.

Razones:

¿Por qué se siente así Simón? Quizá se siente feliz porque va a ir a París, un viaje que tenía muchas ganas de hacer.

Expresión:

¿Qué puede hacer Simón para expresar sus emociones? Puede transmitirlas con palabras: "¡Estoy muy contento!". Simón se siente bien cuando expresa sus emociones.

Aceptación:

Es normal que Simón esté emocionado. ¡Siempre ha querido ir a París!

© Upbility Publications

Han despedido a mi padre

17

HISTORIA

El padre de Simón ha llegado a casa muy triste. Le ha dicho a su madre que no volverá al trabajo porque lo han despedido. Su madre le ha dicho que todo irá bien y que pronto encontrará un trabajo mejor.

EMOCIONES

Reconocimiento:

¿Cómo se siente Simón? Simón parece triste.

Razones:

¿Por qué se siente así Simón? Quizá se siente triste porque su padre se ha quedado sin trabajo y siente pena por él.

Expresión:

¿Qué puede hacer Simón para expresar sus emociones? Puede transmitirlas con palabras: "Papá, lamento mucho que te hayas quedado sin trabajo". Simón se siente mucho mejor ahora.

Aceptación:

Es normal que Simón sienta pena. Quiere mucho a su padre y le entristece verlo angustiado.

© Upbility Publications

He perdido el autobús escolar

HISTORIA

Simón va al colegio todos los días en autobús. Esta mañana Simón ha perdido el autobús. Acababa de salir cuando Simón llegó a la parada. Todavía lo ve a lo lejos.

EMOCIONES

Reconocimiento:

¿Cómo se siente Simón? Simón parece triste y estresado.

Razones:

¿Por qué se siente así Simón? Quizá se siente triste y estresado porque ha perdido el autobús y va a llegar tarde a la escuela.

Expresión:

¿Qué puede hacer Simón para expresar sus emociones? Puede transmitirlas con palabras: "Estoy triste y me siento mal por llegar tarde a la escuela". Simón se siente mejor ahora.

Aceptación:

Es normal que Simón se sienta triste y estresado. Le preocupa llegar tarde a la escuela.

Me he desvelado a causa de una pesadilla

HISTORIA

Simón se ha despertado sudando en mitad de la noche. Ha tenido una pesadilla. Simón no puede conciliar de nuevo el sueño.

EMOCIONES

Reconocimiento:

¿Cómo se siente Simón? Simón parece sobresaltado.

Razones:

¿Por qué se siente así Simón? Quizá siente miedo porque ha tenido una pesadilla.

Expresión:

¿Qué puede hacer Simón para expresar sus emociones? Puede transmitirlas con palabras: "¡Tengo mucho miedo!". Simón se siente mejor ahora.

Aceptación:

Es normal que Simón sienta miedo. Cuando tenemos pesadillas, nos asustamos mucho.

Recogemos la basura

HISTORIA

Los alumnos y alumnas del colegio han ido a la playa a limpiarla. Han llevado bolsas, se han puesto guantes y han recogido toda la basura. Ahora, la playa está muy limpia. Simón también ha ayudado a limpiarla.

EMOCIONES

Reconocimiento:

¿Cómo se siente Simón? Simón está feliz y orgulloso.

Razones:

¿Por qué se siente así Simón? Quizá se siente feliz y orgulloso porque ha ayudado a limpiar la playa.

Expresión:

¿Qué puede hacer Simón para expresar sus emociones? Puede transmitirlas con palabras: "¡Estoy muy contento!". Simón se siente bien cuando expresa sus emociones.

Aceptación:

Es normal que Simón esté feliz y orgulloso. Es muy importante cuidar el medio ambiente.

© Upbility Publications

 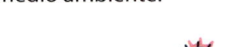

He sacado una buenísima nota en el examen

HISTORIA

Simón está en la escuela. El profesor está diciendo a los alumnos y alumnas los resultados de sus exámenes. Simón espera ansioso oír el suyo. ¡Ha sacado una buenísima nota!

EMOCIONES

Reconocimiento:

¿Cómo se siente Simón? Simón parece muy contento.

Razones:

¿Por qué se siente así Simón? Quizá está tan feliz porque ha obtenido la máxima nota en el examen.

Expresión:

¿Qué puede hacer Simón para expresar sus emociones? Puede transmitirlas con palabras: "¡Estoy muy contento!". Simón se siente bien cuando expresa sus emociones.

Aceptación:

Es normal que Simón esté contento. Estudió mucho para este examen y está muy orgulloso del resultado.

He perdido mi osito de peluche favorito

HISTORIA

Simón ha ido al médico con su mamá. Llevaba su osito de peluche favorito en la mochila y lo ha perdido por el camino.

EMOCIONES

Reconocimiento:

¿Cómo se siente Simón? Simón parece estar muy triste.

Razones:

¿Por qué se siente así Simón? Quizá se siente triste porque ha perdido su osito de peluche favorito.

Expresión:

¿Qué puede hacer Simón para expresar sus emociones? Puede transmitirlas con palabras: "¡Estoy muy triste!". Simón se siente mejor ahora.

Aceptación:

Es normal que Simón esté triste. Cuando perdemos nuestras cosas favoritas nos ponemos muy tristes.

22

© Upbility Publications

Mi madre me ha hecho mi comida favorita

23

HISTORIA

Simón ha llegado a casa del colegio con mucha hambre. Pregunta a su madre qué hay para comer. Su madre le dice que ha preparado pasta, la comida favorita de Simón.

EMOCIONES

Reconocimiento:

¿Cómo se siente Simón? Simón parece feliz.

Razones:

¿Por qué se siente así Simón? Quizá se está feliz porque va a comer su comida favorita.

Expresión:

¿Qué puede hacer Simón para expresar sus emociones? Puede transmitirlas con palabras: "¡Estoy muy contento!" Simón se siente bien cuando expresa sus emociones.

Aceptación:

Es normal que Simón se sienta feliz. Comer nuestra comida favorita nos hace estar contentos y satisfechos.

Una fuerte tormenta

HISTORIA

Está lloviendo. ¡Hay muchos truenos y relámpagos! Simón está de pie, frente a la ventana, mirando la tormenta.

EMOCIONES

Reconocimiento:

¿Cómo se siente Simón? Simón parece aterrorizado.

Razones:

¿Por qué se siente así Simón? Quizá se siente aterrorizado al oír el estruendo de los truenos.

Expresión:

¿Qué puede hacer Simón para expresar sus emociones? Puede transmitirlas con palabras: "Estoy aterrorizado". Simón se siente mejor ahora.

Aceptación:

Es normal que Simón esté aterrorizado. Las tormentas fuertes con truenos y relámpagos dan mucho miedo.

De paseo con mi padre

HISTORIA

Simón ha salido a pasear con su padre. Han ido al parque. Simón no ve mucho a su padre porque vive en otra ciudad.

EMOCIONES

Reconocimiento:

¿Cómo se siente Simón? Simón parece muy feliz.

Razones:

¿Por qué se siente así Simón? Quizá se siente feliz porque ha ido a pasear con su padre, al que no ve todo lo que quisiera.

Expresión:

¿Qué puede hacer Simón para expresar sus emociones? Puede transmitirlas con palabras: "Estoy muy contento de verte". Simón se siente bien cuando expresa sus emociones.

Aceptación:

Es normal que Simón se sienta feliz. ¡Quiere mucho a su padre y está encantado de verle!

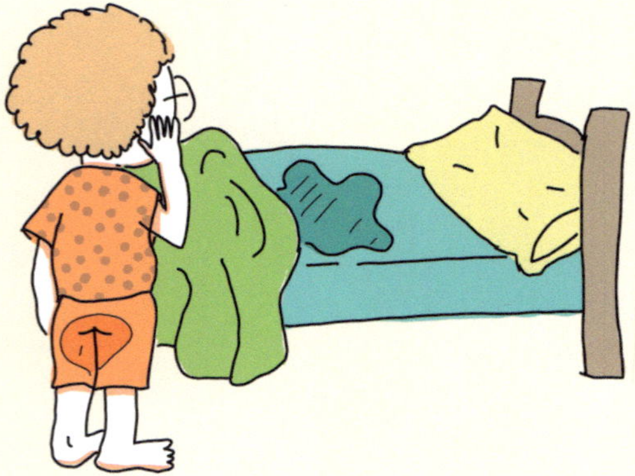

He mojado la cama

HISTORIA

Simón se ha despertado a mitad de la noche porque ha mojado la cama. Se levanta para mirar su ropa y la cama. ¡Todo está mojado!

EMOCIONES

Reconocimiento:

¿Cómo se siente Simón? Simón parece triste.

Razones:

¿Por qué se siente así Simón? Tal vez se siente triste porque ha mojado la cama.

Expresión:

¿Qué puede hacer Simón para expresar sus emociones? Puede transmitirlas con palabras: "Estoy muy triste". Simón se siente mejor ahora.

Aceptación:

Es normal que Simón se sienta triste. Tiene sueño y está mojado. Realmente se siente fatal.

He dado de comer a los patos en el parque

HISTORIA

Simón ha ido a dar un paseo al parque con su madre y su hermana. Simón se acerca al lago para ver a los patos y les da de comer pan. Simón no había estado nunca tan cerca de estos animales.

EMOCIONES

Reconocimiento:

¿Cómo se siente Simón? Simón parece emocionado.

Razones:

¿Por qué se siente así Simón? Tal vez se sienta emocionado porque ha dado de comer a los patos en el parque.

Expresión:

¿Qué puede hacer Simón para expresar sus emociones? Puede transmitirlas con palabras: "¡Estoy emocionado! Los patos son preciosos". Simón se siente bien cuando expresa sus emociones.

Aceptación:

Es normal que Simón se sienta emocionado. Se lo ha pasado muy bien en el parque.

Hora de contar un cuento

28

HISTORIA

Simón está preparándose para irse a la cama, pero antes de dormir, su mamá le lee un cuento. Para Simón, la hora del cuento es el mejor momento del día.

EMOCIONES

Reconocimiento:

¿Cómo se siente Simón? Simón parece muy feliz.

Razones:

¿Por qué se siente así Simón? Quizá se siente feliz porque su madre le lee un cuento todas las noches, y eso es algo que le gusta mucho.

Expresión:

¿Qué puede hacer Simón para expresar sus emociones? Puede transmitirlas con palabras: "Estoy muy contento. Es el mejor momento del día". Simón se siente bien cuando expresa sus emociones.

Aceptación:

Es normal que Simón se sienta feliz. Para él, la hora del cuento es el mejor momento del día.

© Upbility Publications

Hora del baño

29

HISTORIA

Al caer la tarde, la madre de Simón lo ayuda a bañarse. A Simón le gusta mucho el momento del baño. Se relaja, desconecta de todo y, al salir, huele muy bien.

EMOCIONES

Reconocimiento:

¿Cómo se siente Simón? Simón parece feliz.

Razones:

¿Por qué se siente así Simón? Quizá se siente feliz porque se ha dado un baño.

Expresión:

¿Qué puede hacer Simón para expresar sus emociones? Puede transmitirlas con palabras: "¡Estoy muy contento!". Simón se siente bien cuando expresa sus emociones.

Aceptación:

Es normal que Simón se sienta feliz. Le gusta mucho la hora del baño. Le relaja y le reconforta.

© Upbility Publications

Estoy enfermo

HISTORIA

Simón está enfermo. Tiene fiebre y le duele la cabeza. Hoy no ha ido al colegio. Su clase iba hoy de excursión y Simón se la va a perder.

EMOCIONES

Reconocimiento:

¿Cómo se siente Simón? Simón parece estar muy disgustado.

Razones:

¿Por qué se siente así Simón? Quizá se sienta disgustado porque está enfermo y se va a perder la excursión con sus compañeros de clase.

Expresión:

¿Qué puede hacer Simón para expresar sus emociones? Puede transmitirlas con palabras: "Estoy muy disgustado". Simón se siente mejor ahora.

Aceptación:

Es normal que Simón esté triste. Está enfermo, tiene fiebre y le duele la cabeza. ¡Y además se va a perder la excursión del colegio!

© Upbility Publications

Bibliografía

- Bellini, S., Peters, J. K., Benner, L., & Hopf, A. (2007). A meta-analysis of school-based social skills interventions for children with autism spectrum disorders
- Bruner, J & Feldman C. (1993). Theories of mind and the problems of autism
- Cotugno, A. J. (2009). Group Interventions for Children with Autism Spectrum Disorders : A Focus on Social Competency and Social Skills
- Frea, W., Craig-Unkefer, L., Odom, S. L., & Johnson, D. (1999). Differential Effects of Structured Social Integration and Group Friendship Activities for Promoting Social Interaction with Peers
- Humphrey, N & Symes, W. (2011). Peer interaction patterns among adolescents with autistic spectrum disorders (ASDs) in mainstream school setting Autism : The international journal of research and Practice
- McKinnon, K., & Krempa, J.M. (2002). Social Skills Solutions: A Hands-on Manual for Teaching Social Skills to Children With Autism
- Pierce K, Schreibman L. Increasing complex social behaviors in children with autism
- Rao P, Beidel D, Murray M. Social skills intervention for children with Asperger's syndrome or high-functioning autism
- Reichow, B., & Volkmar, F. (2010). Social skills interventions for individuals with autism
- Ryan, C., & Charragáin, C. N. (2010). Teaching emotion recognition skills to children with autism
- Scattone D, Tingstrom D, Wilczynski S. Increasing appropriate social interactions of children with autism spectrum disorders using social stories
- Shapiro, L.E., & Holmes, J. (2008). Let's Be Friends: A Workbook to Help Kids Learn Social Skills & Make Great Friends
- Snell, M. E., & Janney, R. (2000). Social relationships and peer support
- Tissot, C. & Evans, R. (2003). Visual Teaching Strategies or Children with Autism. Early Child development and Care
- Weiss, M. J., & Harris, S. L. (2001). Reaching out, joining in: Teaching social skills to young children with autism
- White, S. W., Koenig, K., & Scahill, L. (2010). Group social skills instruction for adolescents with high-functioning autism spectrum disorders.
- Yang, N. K., Schaller, J. L., Huang, T. A., Wang, M. H., & Tsai, S. F. (2003). Enhancing appropriate social behaviors for children with autism in general education classrooms

¡Hasta pronto!

Printed in France by Amazon
Brétigny-sur-Orge, FR